天皇陛下と日本消防

平成の御世を振り返り 心からの感謝を込めて

　天皇陛下におかれましては、平成31年4月30日をもってご退位とのことであります。ご在位中、天皇皇后両陛下には記念の式典などで消防関係者に対し、お心を込めて、あたたかく接して頂きました。

　そして数多くの災害の被災地をご訪問頂き、被災された方々に対しておやさしい激励のお言葉を賜りますとともに、災害対応に当たる消防関係の皆さんには、ご丁寧にお労い頂きました。

　皆さん、感激一杯のなか、ありがたく感謝申しあげ、そして大きなお力を頂いたと存じます。

　とりわけ、東日本大震災において殉職されたきわめて多数の消防団員、消防職員を中心とする平成23年11月の全国消防殉職者慰霊祭には、ご臨席、ご供花を賜りますとともに、ご遺族の方々にあたたかいお言葉を賜りました。消防関係者にとって、このうえない感激であり、深い悲しみのなかにあるご遺族の方々も大きな慰めを頂き、その後の生き方への力強いお励ましを頂いたと存じます。

　この度のご退位に際し、消防関係者の深い感謝の心を込めて、天皇皇后両陛下の思い出のお写真をここにまとめさせて頂きました。

日　本　消　防　協　会
会　長　秋　本　敏　文

目　　次

天皇陛下と日本消防
平成の御世を振り返り
心からの感謝を込めて

I．式典等へのご臨席及びご視察

昭和39年7月1日	皇太子同妃殿下	「国民安全の日」のつどいご臨席	5
昭和50年7月19日	皇太子同妃殿下	沖縄県海洋博消防署ご視察	6
昭和55年5月14日	皇太子殿下	消防大学校及び消防研究所ご視察	7
昭和61年4月11日	皇太子殿下	国際消防救助隊合同訓練ご視察	9
昭和63年3月9日	皇太子同妃殿下	「自治体消防制度40周年記念式典」ご臨席	10
平成5年11月18日	天皇皇后両陛下	「自治体消防45周年記念大会」ご臨席	12
平成7年11月29日	天皇陛下	第1回緊急消防援助隊全国合同訓練ご視察	14
平成10年3月7日	天皇皇后両陛下	「自治体消防制度50周年記念式典」ご臨席	15
平成15年11月20日	天皇皇后両陛下	「自治体消防55周年記念大会」ご臨席	16
平成20年3月7日	天皇皇后両陛下	「自治体消防制度60周年記念式典」ご臨席	18
平成23年11月29日	天皇皇后両陛下	「東日本大震災消防殉職者等全国慰霊祭」ご臨席	20
平成25年11月25日	天皇皇后両陛下	「消防団120年、自治体消防65周年記念大会」ご臨席	23
平成27年10月26日	天皇皇后両陛下	富山県広域消防防災センターご視察	25
平成30年3月7日	天皇皇后両陛下	「自治体消防制度70周年記念式典」ご臨席	26

II．災害被災地お見舞い及び災害対応尽力者お労い

平成3年7月10日	雲仙・普賢岳噴火災害における被災地被災者及び島原市消防お見舞い（島原市）	28
平成7年1月31日	阪神・淡路大震災被災地お見舞い（芦屋市・淡路市・西宮市）	28
平成20年9月8日	平成16年（2004年）新潟県中越地震災害復興状況ご視察時における復興尽力者お労い（長岡市）	29
平成23年4月27日	東日本大震災に伴う被災地（宮城県）ご視察、被災者お見舞い、復興尽力者お労い（南三陸町、仙台市）	29

平成23年5月11日	東日本大震災に伴う被災地（福島県）ご視察、被災者お見舞い、復興尽力者お労い（福島市、相馬市）	29
平成27年10月1日	平成27年関東・東北豪雨による被災地ご視察、被災者お見舞い、災害対応尽力者お労い（常総市）	30
平成28年5月19日	熊本地震による被災地（熊本県）ご視察、被災者お見舞い、災害対応尽力者お労い（益城町、南阿蘇村）	30

Ⅲ．東日本大震災に関する天皇陛下のおことば

平成23年3月16日	東北地方太平洋沖地震に関する天皇陛下のおことば	31
平成24年3月11日	東日本大震災一周年追悼式にご臨席	32

ご在位中の日本消防の動き　　　33

注：この冊子のうち、特に両陛下のご視察、お見舞い及びお労い並びにおことばにつきましては、日本消防協会において確認、入手できたものについて掲載させていただきましたことをお断りいたします。

天皇陛下と日本消防
平成の御世を振り返り
心からの感謝を込めて

Ⅰ．式典等へのご臨席及びご視察

昭和39年7月1日
　皇太子同妃殿下、「国民安全の日」のつどいご臨席

（日比谷公会堂）

ご臨席の皇太子殿下並びに同妃殿下

総理大臣より表彰を受ける受賞者

出典：「日本消防」昭和39年8月号　日本消防協会

昭和50年7月19日
皇太子同妃殿下、沖縄県海洋博消防署ご視察

海洋博消防署の全職員が挙手敬礼で迎えられる両殿下

海洋博消防署をご視察され、署長をはじめ全職員にあたたかい励ましのおことばをかけられる皇太子殿下

海洋博消防署の職員に話しかけられる美智子妃殿下

出典：「近代消防」1980APR　昭和天皇追悼号「天皇陛下と消防の全記録」

昭和55年5月14日
皇太子殿下、消防大学校及び消防研究所ご視察

救助訓練隊員におことばをかけられる皇太子殿下

救助訓練をご覧になられる殿下

出典:「消防大学校30年のあゆみ」平成元年12月発行　消防大学校

天皇陛下と日本消防

訓練の説明をお受けになる皇太子殿下

救助隊員にご質問される殿下

救助訓練をご覧になられる殿下

消火器による消火実験をご覧になられる殿下

実験装置等の説明をお受けになる殿下

消防研究所内に残されている旧街道「鎌倉街道」をお通りになられる殿下

出典：「近代消防」1980APR　昭和天皇追悼号「天皇陛下と消防の全記録」

昭和61年4月11日
皇太子殿下、国際消防救助隊合同訓練ご視察

全国消防長会会長の先導で部隊点検をされる皇太子殿下

おことばを述べられる殿下

自らファイバースコープをのぞかれて、その性能を試される殿下

展示された救助器具等を一つ一つ熱心にご覧になられる殿下

水難救助用資器材をご覧になられる殿下

出典:「近代消防」1980APR　昭和天皇追悼号「天皇陛下と消防の全記録」

昭和63年3月9日
皇太子同妃殿下、「自治体消防制度40周年記念式典」ご臨席

（日本武道館）

記念式典でおことばを述べられる皇太子殿下

ご入場される皇太子同妃殿下

総理大臣の祝辞を聞かれる両殿下

出典：「自治体消防制度40年のあゆみ」 昭和63年3月 自治体消防制度40周年記念式典等実行委員会
「近代消防」1980APR 昭和天皇追悼号「天皇陛下と消防の全記録」

天皇陛下と日本消防

皇太子殿下からおことばを賜る

皇太子殿下のおことば

会場一杯の式典参列者

万歳奉唱

出典：「郷土愛に燃えて　自治体消防 40 年の記録」昭和 63 年 3 月　日本消防協会
　　　「近代消防」1980APR　昭和天皇追悼号「天皇陛下と消防の全記録」

平成5年11月18日
天皇皇后両陛下、「自治体消防45周年記念大会」ご臨席

(東京ドーム)

天皇陛下からおことばを賜る

開会宣言

天皇陛下のおことば

自治体消防が発足して四十五年 この記念大会に臨み、皆さんと共に一堂に会することを誠に喜ばしく思います

自治体消防は、発足以来今日まで、災害から国民の生命財産を守るという社会の福祉において極めて重要な役割を果たしてきました この消防関係者の日々のたゆまぬ努力に対し、深く感謝の気持ちを表します それとともに、厳しい任務の遂行中不幸にも命を失われた人々の遺族に対し、深い哀悼の意を表したいと思います

我が国の社会経済の進展に伴い、人口の高齢化や建築物の高層化など消防や救急活動の困難はますます増してき、関係者の御苦労が案ぜられますが、この大会を契機に、引き続き設備や技術の向上などに努め、関係者が一致協力して、消防の使命に心を致し、安全で住みよい社会を築くよう願ってやみません

平成五年十一月十八日

出典:「日本消防」平成5年12月号 日本消防協会

消防団や子供たちの演技に笑顔で拍手される
天皇皇后両陛下

参加者に向かって、手を振られて
ご退席される両陛下

主催者からごあいさつを受けられ
東京ドームをご退館される両陛下

出典:「郷土愛　国土愛　そして地球愛　自治体消防45年記念事業」平成6年7月　日本消防協会

平成7年11月29日
天皇陛下、第1回緊急消防援助隊全国合同訓練ご視察

(東京都江東区豊洲)

自治省消防庁等により挙行された「緊急消防援助隊全国合同訓練」において参集した隊員を激励される天皇陛下

消防庁長官等のご説明で、資器材展示をご視察になられる陛下

出典:「日本消防」平成8年1月号 日本消防協会
　　　「近代消防」平成8年2月号 近代消防社

平成10年3月7日
天皇皇后両陛下、「自治体消防制度50周年記念式典」ご臨席

(日本武道館)

記念式典

ご臨席された天皇皇后両陛下

天皇陛下のおことば

本日、ここに、全国から参加した消防長、消防団長を始め、多くの関係者と共に、自治体消防制度五十周年を祝うことを誠に喜ばしく思います。

市町村を主体とする新たな消防制度が発足したのは、戦後間もない、なお困難な時代でありました。当時、消防器材も乏しい中、消防団を中心に、新しい消防制度の確立のために力を尽くした関係者の苦労が察せられます。

その後五十年の間に、自治体消防は、時代の推移に対応して、組織、設備、機能の充実強化を進め、地域社会の安全確保に大きく貢献してきました。ここに、関係者の長年にわたる昼夜を分かたぬ努力に深く敬意を表します。また、その間、厳しい任務を遂行する中で、負傷し、病を得た人々に思いを致し、殉職した人々に心から哀悼の意を表したいと思います。

消防は、火災のみならず様々な災害から国民の生命、身体及び財産を守るという極めて重要な役割を持つものであります。これからの消防活動には、都市化や高齢化などに伴う多くの困難が予想されます。同時に、大規模災害や海外での災害など、取り組むべき新たな課題も少なくありません。

消防関係者が、今後とも、装備の充実と技術の向上に努め、安全な社会を築くために力を尽くしていくことを期待するとともに、国民一人一人が消防の使命の達成に一致協力していくことを切に希望いたします。

出典:「日本消防」平成10年4月号　日本消防協会
「自治体消防50年のあゆみ」平成11年3月　自治体消防50年記念事業実行委員会

平成 15 年 11 月 20 日
天皇皇后両陛下、「自治体消防 55 周年記念大会」ご臨席

(東京ドーム)

ご入場される天皇皇后両陛下

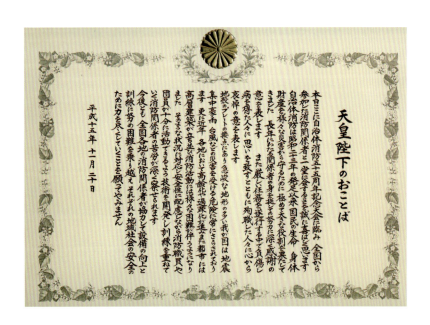

天皇陛下のおことば

本日ここに自治体消防五十五周年記念大会に臨み、全国から参加した消防関係者が一堂に会することを誠に喜ばしく思います

自治体消防は昭和二十三年の発足以来、国民の生命、身体、財産を様々な災害から守るために、極めて大きな役割を果たしてきました。長年にわたる関係者の身を挺しての努力に深く感謝の意を表します。また、厳しい任務を遂行する中で尽力し殉職した人々に対し、また、職務を終えた後、病を得た人々に思いを致すとともに、殉職した人々に心から哀悼の意を表します

近年、各地において、急峻な地形の多い我が国は地震、集中豪雨、台風などの災害の懸念に常にさらされており、更に近年、各地において高齢化が進み、また都市には高層建築が多く、消防活動には様々な困難が伴うようになりました。そのような状況に対応し安全性に留意しながらの消防職員や団員の十分に活動できるよう技術を開発し設備の向上と、消防関係者の苦労や協力して築きあげた絆を、今後とも全国各地の消防関係者が協力して訓練に努め困難を乗り越え、それぞれの地域社会の安全のために力を尽くしていくことを願ってやみません

平成十五年十一月二十日

天皇陛下からおことばを賜る

出典:「つなごう 愛・勇気・ちから 自治体消防 55 周年事業」平成 16 年 3 月 日本消防協会

なごやかにほほえまれる天皇皇后両陛下

いっせいに駆け寄る幼年消防クラブの子供たち

子供たちの演技に拍手を送られる両陛下

手を振られてご退席される両陛下

平成20年3月7日
天皇皇后両陛下、「自治体消防制度60周年記念式典」ご臨席

(日本武道館)

国歌斉唱

天皇陛下のおことば

本日、ここに、全国から参加した消防長、消防団長を始め、多くの関係者と共に、自治体消防制度60周年を祝うことを誠に喜ばしく思います。

市町村を主体とする見直しの消防制度が発足したのは、戦後間もなく、困難なことの多い状況下、さらに様々な新しい制度が作られた時代でありました。その後、自治体消防は、社会の変化に対応して、火災の予防や消火のみならず、災害から国民の生命、身体及び財産を守り、国民生活の安全を確保するため、救急や救助などの重要な役割も担うようになりました。

ここに、関係者の長年にわたる昼夜を分かたぬ努力に深く敬意を表します。また、その間、厳しい任務を遂行する中で、負傷した人々に思いを致し、殉職した人々やその遺族に心から哀悼の意を表したく思います。

今日、都市においては、建築物の高層化などが進み、消防活動に大きな危険や困難を伴っており、また、高齢化や過疎化が進んでいる地域においては、人々を守っていくために、地域に根ざした消防活動が求められております。

こうした状況に合わせ、消防活動の安全を確保しつつ、消防職員や団員が十分に活動できるよう技術を開発し、訓練を重ねていくことが極めて重要であり、消防関係者の労苦が深く察せられます。

今後とも、全国各地の消防関係者が、安心で安全な社会を築くために力を尽くしていくことを願うとともに、国民一人一人が消防の使命の達成に一致協力していくことを切に希望いたします。

おことばを述べられる天皇陛下

出典:「自治体消防60年のあゆみ」平成20年3月 自治体消防制度60周年記念事業実行委員会
「近代消防」平成20年5月臨時増刊号 近代消防社

天皇陛下と日本消防

主催者のお出迎えを受けられる両陛下

ご臨席された天皇皇后両陛下

内閣総理大臣表彰

にこやかに拍手を送られる両陛下

幼年消防クラブによる特別演技

手を振られてご退場される両陛下

出典:「自治体消防60年のあゆみ」平成20年3月　自治体消防制度60周年記念事業実行委員会
「近代消防」平成20年5月臨時増刊号　近代消防社

平成23年11月29日
天皇皇后両陛下、「東日本大震災消防殉職者等全国慰霊祭」
ご臨席

(ニッショーホール)

天皇皇后両陛下のご臨席を賜る

慰霊祭にご入場される両陛下

御霊にご拝礼される両陛下

出典:「日本消防」平成23年12月号　日本消防協会

天皇陛下と日本消防

お席に着かれる両陛下

御供花を賜られる両陛下

御霊に供花を賜る

ご遺族の元へ式壇を降りられる両陛下

ご遺族におことばをかけられる両陛下

ご覧頂いた日本消防会館設置の東日本大震災モニュメント（慰霊祭当日除幕）

平成 25 年 11 月 25 日
　天皇皇后両陛下、「消防団 120 年、自治体消防 65 周年記念大会」ご臨席

（東京ドーム）

記念式典

ご臨席された天皇皇后両陛下

出典：「消防　その愛と力　消防団 120 年、自治体消防 65 周年記念」　平成 26 年 3 月　日本消防協会

ご入場される天皇皇后両陛下

全員が起立してお迎えする中、ご入場される両陛下

開会に先立ち、数々の災害・事故により殉職された消防関係者の御霊に対し、黙祷を捧げられた

東日本大震災の御支援ありがとうございます！

ご退席される両陛下

ご退席される両陛下

平成 27 年 10 月 26 日
天皇皇后両陛下、富山県広域消防防災センターご視察

お出迎えの関係者に笑顔でお応えになられる天皇皇后両陛下

写真提供：富山県広域消防防災センター

平成30年3月7日
天皇皇后両陛下、「自治体消防制度70周年記念式典」ご臨席

（国技館）

国歌斉唱

内閣総理大臣表彰

総務大臣感謝状

出典：「日本消防」平成30年3月号　日本消防協会

消防庁長官表彰

日本消防協会会長表彰
日本防火・防災協会会長表彰

全国消防長会会長表彰

手を振られてご退席される両陛下

II. 災害被災地お見舞い及び
　　　災害対応尽力者お労い

平成3年7月10日（水）
　雲仙・普賢岳噴火災害における被災地被災者及び島原市消防お見舞い

（写真：日経新聞社）
出典：「日本消防」平成3年8月号
　　　　　　　　　日本消防協会

平成7年1月31日（火）
　阪神・淡路大震災被災地お見舞い

芦屋市で被災状況の説明を
受けられる両陛下（芦屋市）
出典：近代消防平成9年2
　　　月臨時増刊号

旧北淡町で被災状況の説明を受け
労われる両陛下　（写真：淡路市）

西宮市で被災状況の説明を受け
られる両陛下　（写真：西宮市）

平成 20 年 9 月 8 日（月）
　平成 16 年（2004 年）新潟県中越地震災害復興状況ご視察時における復興尽力者お労い（長岡市）

新潟県中越地震で大きな被害を受けた長岡市の復興に尽力した人々とお話しになり、お労いになる天皇皇后両陛下（長岡市役所（長岡市））
（写真：新潟県）

平成 23 年 4 月 27 日（水）
　東日本大震災に伴う被災地（宮城県）ご視察、被害者お見舞い、復興尽力者お労い（南三陸町、仙台市）

復興尽力者をお労いになる天皇皇后両陛下（南三陸町立伊里前小学校（南三陸町））
（写真：宮城県）

平成 23 年 5 月 11 日（水）
　東日本大震災に伴う被災地（福島県）ご視察、被災者お見舞い、復興尽力者お労い（福島市、相馬市）

復興尽力者をお労いになる天皇皇后両陛下（相馬市立中村第二小学校（相馬市））
（写真：福島県）

平成27年10月1日（木）
　平成27年関東・東北豪雨による被災地ご視察、被災者お見舞い、災害対応尽力者お労い（常総市）

災害対応尽力者をお労いになる天皇皇后両陛下
（水海道あすなろの里（常総市））

平成28年5月19日（木）
　熊本地震による被災地（熊本県）ご視察、被災者お見舞い、災害対応尽力者お労い（益城町、南阿蘇村）

災害対応尽力者をお労いになる天皇皇后両陛下
（写真：熊本県）

Ⅲ. 東日本大震災に関する天皇陛下のおことば

宮内庁HP「天皇皇后両陛下のおことばなど」より

平成23年3月16日（木）
東北地方太平洋沖地震に関する天皇陛下のおことば

天皇陛下のおことば

　この度の東北地方太平洋沖地震は，マグニチュード9.0という例を見ない規模の巨大地震であり，被災地の悲惨な状況に深く心を痛めています。地震や津波による死者の数は日を追って増加し，犠牲者が何人になるのかも分かりません。一人でも多くの人の無事が確認されることを願っています。また，現在，原子力発電所の状況が予断を許さぬものであることを深く案じ，関係者の尽力により事態の更なる悪化が回避されることを切に願っています。

　現在，国を挙げての救援活動が進められていますが，厳しい寒さの中で，多くの人々が，食糧，飲料水，燃料などの不足により，極めて苦しい避難生活を余儀なくされています。その速やかな救済のために全力を挙げることにより，被災者の状況が少しでも好転し，人々の復興への希望につながっていくことを心から願わずにはいられません。そして，何にも増して，この大災害を生き抜き，被災者としての自らを励ましつつ，これからの日々を生きようとしている人々の雄々しさに深く胸を打たれています。

　自衛隊，警察，消防，海上保安庁を始めとする国や地方自治体の人々，諸外国から救援のために来日した人々，国内の様々な救援組織に属する人々が，余震の続く危険な状況の中で，日夜救援活動を進めている努力に感謝し，その労を深くねぎらいたく思います。

　今回，世界各国の元首から相次いでお見舞いの電報が届き，その多くに各国国民の気持ちが被災者と共にあるとの言葉が添えられていました。これを被災地の人々にお伝えします。

　海外においては，この深い悲しみの中で，日本人が，取り乱すことなく助け合い，秩序ある対応を示していることに触れた論調も多いと聞いています。これからも皆が相携え，いたわり合って，この不幸な時期を乗り越えることを衷心より願っています。

　被災者のこれからの苦難の日々を，私たち皆が，様々な形で少しでも多く分かち合っていくことが大切であろうと思います。被災した人々が決して希望を捨てることなく，身体（からだ）を大切に明日からの日々を生き抜いてくれるよう，また，国民一人びとりが，被災した各地域の上にこれからも長く心を寄せ，被災者と共にそれぞれの地域の復興の道のりを見守り続けていくことを心より願っています。

平成24年3月11日（日）
東日本大震災一周年追悼式にご臨席

（国立劇場（千代田区））

東日本大震災一周年追悼式にご臨席になり、おことばを述べられる天皇陛下

天皇陛下のおことば

　東日本大震災から1周年，ここに一同と共に，震災により失われた多くの人々に深く哀悼の意を表します。

　1年前の今日，思いも掛けない巨大地震と津波に襲われ，ほぼ2万に及ぶ死者，行方不明者が生じました。その中には消防団員を始め，危険を顧みず，人々の救助や防災活動に従事して命を落とした多くの人々が含まれていることを忘れることができません。

　さらにこの震災のため原子力発電所の事故が発生したことにより，危険な区域に住む人々は住み慣れた，そして生活の場としていた地域から離れざるを得なくなりました。再びそこに安全に住むためには放射能の問題を克服しなければならないという困難な問題が起こっています。

　この度の大震災に当たっては，国や地方公共団体の関係者や，多くのボランティアが被災地へ足を踏み入れ，被災者のために様々な支援活動を行ってきました。このような活動は厳しい避難生活の中で，避難者の心を和ませ，未来へ向かう気持ちを引き立ててきたことと思います。この機会に，被災者や被災地のために働いてきた人々，また，原発事故に対応するべく働いてきた人々の尽力を，深くねぎらいたく思います。

　また，諸外国の救助隊を始め，多くの人々が被災者のため様々に心を尽くしてくれました。外国元首からのお見舞いの中にも，日本の被災者が厳しい状況の中で互いに絆を大切にして復興に向かって歩んでいく姿に印象付けられたと記されているものがあります。世界各地の人々から大震災に当たって示された厚情に深く感謝しています。

　被災地の今後の復興の道のりには多くの困難があることと予想されます。国民皆が被災者に心を寄せ，被災地の状況が改善されていくようたゆみなく努力を続けていくよう期待しています。そしてこの大震災の記憶を忘れることなく，子孫に伝え，防災に対する心掛けを育み，安全な国土を目指して進んでいくことが大切と思います。

　今後，人々が安心して生活できる国土が築かれていくことを一同と共に願い，御霊への追悼の言葉といたします。

ご在位中の日本消防の動き

	国等の動き	日本消防協会の動き	主な災害・事故
昭和**64年** 平成**元年** (1989)	消防審議会意見　　　（3.20） ・消防におけるヘリコプターの活用とその整備のあり方に関する答申		（7.24〜8.7） 台風11、12、13号暴風雨 [死者31人]
平成**2年** (1990)			（3.18） 長崎屋百貨店火災（尼崎市） [死者15人]
平成**3年** (1991)	「救急救命士法」公布（4.25）、施行（8.15） 「（財）救急振興財団」設立 　　　　　　　　　（5.15） 「救急救命士法施行令」制定 　　　　　　　　　（8.14） 「（財）救急振興財団　東京研修所」開設　　　　（8.29）	「島原市消防団員合同慰霊祭」開催　　　　　　　（8.25） （主催：島原市消防団、日本消防協会及び長崎県消防協会） ・島原市において雲仙普賢岳の火砕流のため殉職された11人の合同慰霊祭	（5.14） 信楽高原鉄道列車事故[死者42人] （5.26〜8.20） 雲仙普賢岳火砕流災害[消防団員殉職12を含む、死者・行方不明者44人] （9.12〜28） 台風17・18・19号暴風雨 [死者・行方不明者86人]
平成**4年** (1992)	「南関東地域直下の地震対策に関する大綱」策定　　（8.21）		（3.17） 道央自動車道玉突き衝突事故 [死者2人] (10.16) 袖ヶ浦製油所爆発事故[死者9人]

	国等の動き	日本消防協会の動き	主な災害・事故
平成5年(1993)	「航空消防防災体制の整備の推進について」　（3.31通知） ・各都道府県に消防防災ヘリコプターを1機以上配置する方針が決定 国際消防救助隊をマレーシア・ビル倒壊被害に派遣 　　　　　　　　（12.13～20）	「消防未来博93」開催 　　　　　　　　（11.16～18） （主催：日本消防協会、全国消防長会） ・地域体制の今日までの変遷と今後の展望を示す博覧会を東京と大阪で開催。テーマ「2010　未来・愛の旅」 「自治体消防45周年記念大会」 　　　　　　　　　　（11.18） （主催：日本消防協会、全国消防長会） ・天皇皇后両陛下のご臨席を仰ぎ、東京ドームにおいて開催。スローガン「郷土愛、国土愛そして地球愛」	（7.12） 北海道南西沖地震（M7.8） [死者202人] （7.31～8.29） 8月豪雨、台風7号、11号を含む暴風雨及び豪雨（西日本中心）[死者・行方不明者93人] （9.1～5） 台風第13号を含む暴風雨及び豪雨（九州南部中心）[死者・行方不明者48人]
平成6年(1994)	「消防広域化基本計画の策定について」（通知）　　　（9.20） ・消防本部の広域再編	「第1回全国女性消防団員活性化シンポジウム」沼津市において開催　　　　　　　（9.11～12） （主催：全国女性消防団員活性化シンポジウム沼津実行委員会） ・テーマ「女性消防団員の役割を考える」～地域・女性・未来～	（4.16） 名古屋空港中華航空機事故[死者264人] （6.27） 松本サリン事件[死者7人]
平成7年(1995)	「阪神・淡路大震災に対処するための特別の財政援助及び助成に関する法律」公布 　　　　　　　　　　（3.1） 「（財）救急振興財団　九州研修所」開設　　　　　（4.1）	「阪神・淡路大震災の現地消防救助活動」実施 　　　　　　　　（1.17～29） ・日本消防協会職員延べ137人を5次にわたり現地に派遣し、消防団活動の支援	（1.17） 阪神・淡路大震災（M7.3） [死者6,434人、全壊棟数104,906棟]

	国等の動き	日本消防協会の動き	主な災害・事故
平成7年(1995)	「緊急消防援助隊」発足式 (6.30) 「緊急消防援助隊要綱」制定 (10.30) 第1回緊急消防援助隊全国合同訓練 (11.29) ・東京都江東区豊洲において天皇陛下のご臨席を仰ぎ、全国98消防本部、約1,500人の隊員による全国合同訓練を初めて実施、その後5年毎に開催	第8代日本消防協会会長 徳田 正明氏（日本消防協会常任副会長） (8.2)	(3.20) 地下鉄サリン事件[死者12人、負傷者5,642人] (12.8) 高速増殖炉もんじゅナトリウム漏洩事故
平成8年(1996)	全国航空消防防災協議会の設立 (1.22)	「阪神・淡路大震災誌」の発刊 (4月) ・極めて甚大な被害をもたらした大震災を後世代に永く伝え、教訓とするために作成	(2.10) 豊浜トンネル崩落事故（北海道古平町・余市町）[死者20人]
平成9年(1997)	「密集市街地における防災街区の整備の促進に関する法律」公布（4.1）施行（11.8） 第1回「全国消防広報コンクール (11.9) 地震を素材として消防関係者の活動を取り上げる**劇映画「マグニチュード」の完成** (9.1) ・出演：緒方直人、薬師丸ひろ子、田中邦衛、関根恵子など、語りに森繁久弥。（敬称略）		(1.2) ロシア船籍ナホトカ号重油流出事故（隠岐島沖）[重油6,240kℓ流出] (3.7〜12) 全国で大規模山林火災発生[焼損面積1,051ha] (7.10) 出水市針原土石流災害[死者21人]

ご在位中の日本消防の動き

	国等の動き	日本消防協会の動き	主な災害・事故
平成10年(1998)	セルフサービス方式の給油取扱所が営業開始 （4.1） 自治体消防50周年記念事業 ・全国縦断シンポジウムを全国7都市で開催 ・「21世紀の消防－消防の新たな展開」をテーマとした消防防災に関する意見を論文や映像、イラスト等により募集（消防庁）	「自治体消防制度50周年記念式典」 （3.7） （主催：消防庁） ・天皇皇后両陛下のご臨席を仰ぎ、日本武道館において開催	（5.21） 山陽特殊製鋼タンク漏洩（姫路臨海） （8.26～31） 8月末豪雨（特に福島県、栃木県等）[死者・行方不明者22人] （10.16～18） 台風10号暴風雨[死者・行方不明者13人]
平成11年(1999)	「総務省設置法」公布（7.16）、施行（13.1.6）		（9.30） 東海村JCOウラン加工施設臨海事故[死者2人]
平成12年(2000)	「消防力の基準」全面改正 （1.20） ・市町村の自主的判断の大幅導入、消防署所の設置基準及び消防・救急車両の設置台数を見直し 「原子力発電施設等立地地域の振興に関する特別措置法」公布（12.8）、施行（13.4.1） ・原子力発電施設の立地地域における消防施設及び設備の整備に必要な措置について整備		（3.8） 日比谷線列車脱線事故[死者5人] （7.8） 三宅島噴火（東京都） （9.8～17） 台風14号、15号、17号を含む暴風雨[死者・行方不明者12人]
平成13年(2001)	中央省庁の再編 （1.6） ・自治省消防庁が総務省消防庁に改組 独立行政法人消防研究所発足（4.1）		（5.5） 四街道市作業員宿舎火災[死者11人] （9.1） 新宿歌舞伎町雑居ビル火災[死者44人]

	国等の動き	日本消防協会の動き	主な災害・事故
			（9.11） アメリカ同時多発テロ事件 [死者・行方不明者2,823人]
平成 14年 (2002)	「消防法」一部改正　（4.26） 　立入検査の時間制限及び事前通告 ・措置命令などの発動要件の明確化 ・防火対象物の定期点検報告制度の導入 「東南海・東海地震に係る地震防災対策の推進に関する特別措置法」公布（7.26）、施行（15.7.25）	「消防団幹部候補中央研修」開始　　　　　　（2.18～21） ・将来の消防団幹部候補の研修を開始	（4.15） 北海道製油所プラント爆発火災（苫小牧市） （10.1） 台風21号を含む暴風雨及び豪雨[死者5人]
平成 15年 (2003)	救急救命士による医師の包括的指示下での除細動開始 　　　　　　　（4.1） 「東海地震対策大綱」策定 　　　　　　　（5.29） 「武力攻撃事態等における我が国の平和と独立並びに国及び国民の安全の確保に関する法律」公布（6.13）、（同日施行） 「消防組織法」一部改正 　　　　　　　（6.18） ・緊急消防援助隊の消防庁長官による出動の指示等が創設 「消防学校の教育訓練の基準」全部改正　　　（11.19）	「自治体消防55周年記念大会」 　　　　　　　（11.20） （主催：日本消防協会、全国消防長会） ・天皇皇后両陛下のご臨席を仰ぎ、東京ドームにおいて開催。スローガン「つなごう愛・勇気・ちから」	（7.18～21） 梅雨前線による暴風雨及び豪雨[死者23人] （8.8～10） 台風10号を含む暴風雨及び豪雨[死者17人] （8.14） 三重ごみ固形化燃料発電所火災・爆発[死者2人、消火活動が45日間] （8.29） 名古屋製油所タンク火災[死者6人]

	国等の動き	日本消防協会の動き	主な災害・事故
平成16年(2004)	「消防法」一部改正　（6.2） ・住宅用火災警報機等の設置義務及び指定可燃物等に係る火災予防対策の充実強化に関する規定の整備 武力攻撃事態等における国民保護のための措置に関する法律」公布（6.18）、施行 救急救命士による気管挿管開始　（9.17） 非医療従事者による自動体外式除細動器（AED）使用開始　（7.1）	「第19回全国消防操法大会」開催　（11.8） ・会場を横浜市訓練センターから横浜国際総合競技場に移して開催	（7.13〜14） 新潟・福島豪雨［死者16人］ （9.1） 浅間山噴火（群馬・長野） （9.7〜8） 台風18号災害［死者43人］ （10.23） 新潟県中越地震（M6.8）［死者67人］
平成17年(2005)	「世界消防庁長官会議」　（1.24） ・阪神・淡路大震災10周年記念事業として消防庁が世界10か国の消防庁長官等を招聘し国際シンポジウムを開催 「国民保護に関する基本方針」閣議決定　（3.25） 「消防力の基準」を「消防力の整備指針」と改称　（6.13） ・市町村の消防が消防力の整備を進める上での水準を明確化 「首都直下地震対策大綱」策定　（9.27）	「消防応援団」結成　（5.20） ・消防団員を激励し、一般の人には消防団の重要性を呼びかけていただく方々による消防応援団を結成 「日中消防協会友好交流会20周年式典」　（7.20） ・日中消防協会友好協定以来、毎年相互に訪問し、交流を深めてきた20周年を記念し、東京虎ノ門パストラルで記念式典を開催	（1.24） JFEスチール（株）西日本倉敷事業所プラントガス漏洩（水島臨界）［死者2人］ （4.25） JR西日本福知山線列車事故［死者107人、負傷者549人］ （9.4） 台風14号及び前線に伴う大雨［死者・行方不明者29人］ （12.25） JR東日本羽越本線列車事故（山形県庄内町）［死者5人］

	国等の動き	日本消防協会の動き	主な災害・事故
平成 18年 (2006)	消防審議会答申　　　（2.1） ・市町村の消防の広域化の推進に関する答申 「独立行政法人消防研究所の解散に関する法律」公布（3.31）、施行（4.1） ・独立行政法人消防研究所を廃止し、消防大学校に消防研究センターを設置　（4.1） 「消防組織法」一部改正 　　　　　　　　　　（6.14） ・市町村消防の広域化の推進に関する規定を整備 「市町村の消防の広域化に関する基本指針」策定　（7.12）	「第1回消防団幹部国民保護法制研修」開催　　　（2.23） ・国民保護法の施行後、初めての消防団幹部を対象とした研修を開催 「おはよう！ニッポン全国消防団」ラジオ放送開始　　（4月） ・消防応援団の電話による全国の消防団員激励を毎週日曜日の朝に放送 第9代日本消防協会会長 片山　虎之助氏（参議院議員） 　　　　　　　　　　（5.30） 「第20回全国消防操法大会」開催　　　　　　　　（10.19） ・阪神・淡路大震災から10年を経た最初の大会を初めて首都圏を離れ、兵庫県において開催	（17.12月～18.1月） 平成18年豪雪 ［死者152人］ （1.8） 長崎県大村市グループホーム火災［死者7人］ （1.17） 太陽石油（株）四国事業所火災（今治市）［死者5人］ （6.10～8.3） 梅雨前線豪雨［死者32人］ （9.15～20） 台風13号と豪雨災害［死者9人］ （11.7） 北海道佐呂間町竜巻災害［死者9人］
平成 19年 (2007)	「消防団協力事業所表示制度」創設　　　　　　　　（1.1） 全国瞬時警報システム（J-ALERT）一部送信 　　　　　　　　　　（2.9） 「消防法」一部改正　（6.22） ・不特定多数の者が利用する大規模・高層の建築物において、地震等の災害発生時に応急活動を実施する自衛消防組織の設置を義務化	消防団員入団促進キャンペーン「消防団員めざせ100万人」開催　　　　　　　　（1.16） （主催：消防庁、日本消防協会） ・ニッショーホールにおいて、消防団員入団促進キャンペーンを開催	（3.25） 能登半島沖地震（M6.9） ［死者1人］ （7.5～31） 梅雨前線豪雨［死者6人］ （7.16） 新潟県中越沖地震［死者15人］

	国等の動き	日本消防協会の動き	主な災害・事故
	・被害を軽減するための消防計画の作成等防災体制の整備に関する制度を法制化 「緊急地震速報」一般提供開始　　　　　　　　　　（10.1）	全国初「消防団多機能型車両」交付　　　　　　（12.19） ・初の消防団多機能型車両を日本消防協会が開発、全国各県にモデル的に交付	（12.21） 三菱化学（株）鹿島事業所エチレンプラント火災事故（茨城県）[死者4人]
平成20年（2008）	消防審議会答申　　（2.15） ・大規模地震に備えた当面の消防防災対策のあり方に関する答申 全国消防イメージキャラクター「消太」（しょうた）誕生　　　　　　　　　　（3.7） 中国四川省大地震（M8.0）へ国際消防救助隊17人を派遣　　　　　　　　　　（5.12） 「消防組織法」一部改正　　　　　　　　　　（5.28） ・緊急消防援助隊の機動力の強化を図るため、消防庁長官の緊急消防援助隊の出動に係る指示の要件見直し ・消防応援活動調整本部の設置 ・災害発生市町村において既に行動している緊急消防援助隊に対する都道府県知事の出動の指示の創設	「自治体消防制度60周年記念式典」　　　　　（3.7） （主催：消防庁） ・天皇皇后両陛下のご臨席を仰ぎ、日本武道館の会場において開催 初の「消防団国際会議」開催 　　　　　　（5.14〜15） ・世界11か国の参加により消防団員の確保対策など各国消防団が当面する課題について情報交換 第27回全国消防殉職者慰霊祭　　　　　　　　（9.11） ・初めて内閣総理大臣ご本人が出席され挙行	（6.8） 東京都秋葉原無差別殺傷事件[死者7人] （6.14） 岩手・宮城内陸地震（M7.2）[死者13人] （7.28） 近畿・北陸豪雨被害[死者7人] （8.5） 東京都豊島区雑司が谷下水道事故[死者5人] （10.1） 大阪市浪速区個室ビデオ店火災[死者15人]

	国等の動き	日本消防協会の動き	主な災害・事故
平成21年(2009)	「救急救命処置の範囲等について」一部改正 （3.2） ・救急救命士において自己注射が可能なアドレナリンの投与が可能になった 「消防法」一部改正 （5.1） ・消防と医療の連携を推進 「消防機関における新型インフルエンザ対策検討会」発足 （8.19）	初めての「ヨーロッパ青少年消防オリンピック」（チェコ大会）参加（7.19～26） ・CTIF（ヨーロッパ各国を中心に組織する国際消防組織）が開催する青少年消防オリンピックに日本の少年消防クラブメンバー（4クラブ20人）を初めて派遣 「韓国消防安全協会」と友好協定締結 「日中韓消防協会会議」開催（11.11） ・日韓の友好協定締結を機に日中韓の消防協会関係者による協議会を開催	（3.17） 群馬県渋川市老人ホーム火災[死者10人] （3.20） 兵庫県尼崎市商店街火災[46戸、延べ約3,000㎡が全焼] （7.19） 中国・九州北部梅雨前線豪雨[死者31人] （8.9～13） 台風9号暴風雨豪雨[死者25人] （9.11） 岐阜県防災ヘリ墜落事故（岐阜県奥穂高岳付近）[殉職3人]
平成22年(2010)	「緊急消防援助隊」全国合同訓練[411隊、2,138人が参加] 総務省消防庁ツイッター「災害情報タイムライン」開始 （5.18） 「保険業法等の一部を改正する法律の一部を改正する法律」 （11.19） 全国の熱中症による救急搬送人員は、5万6,119人	第10代日本消防協会会長 高木　繁光氏（日本消防協会副会長、北海道消防協会会長）（5.30）	（1.13） ハイチ大地震（M7.0）[死者行方不明者28万人] （3.13） 札幌市グループホーム火災[死者7人] （6.11） 梅雨前線豪雨[死者16人] （7.25） 埼玉県消防防災ヘリ墜落事故（埼玉県秩父市）[殉職5人]

ご在位中の日本消防の動き

	国等の動き	日本消防協会の動き	主な災害・事故
平成 **23年** (2011)	ニュージーランド南島地震　　　　　　　　（2.22） ・[死者190人、うち日本人28人]（国際緊急援助隊130人派遣） 東日本大震災への緊急消防援助隊派遣者数（3.11〜6.6、88日間） ・総人員：30,684人（8,854隊）延べ人員：109,919人（31,166隊） 「東日本大震災復興基本法」公布（6.24）、同日施行 ・東日本大震災からの復興についての基本理念・復興のための資金の確保、復興特別区域制度の整備その他の基本となる事項を定めるとともに、東日本大震災復興対策本部及び復興庁の設置に関する基本方針を定めること等により、復興の円滑かつ迅速な推進と活力ある日本の再生を図る	「少年消防クラブフォーラム2011」開催　（2.11〜12） （主催：少年消防クラブ活性化推進委員会） ・モデル少年クラブの指導者、アメリカとドイツの青少年消防組織の指導者の参加により、フォーラム開催 東日本大震災被災地の消防団に対する義援金の募集及び交付　　　　　　　　（3.15〜6.15） ・全国の消防関係者等から義援金を募集し、被災県の消防協会に交付（6.17） 東日本大震災被災地に対する消防車両等の斡旋交付　　　　　　　　（5.1〜10.31） ・全国の消防団・消防本部から車両等の提供を受け、被災地の消防団に計104台を交付 東日本大震災の被災地消防団員のメンタルケア実施　　　　　　　　（6.1〜12.末） ・現場活動に従事した消防団員の心のケアのため、消防庁と協力して専門チームを計7回派遣 「東日本大震災全国消防団研修会」開催　（7.30〜31） ・岩手県、宮城県、福島県の消防団員の他、東京消防庁による原子力発電所事故対応など被災後、初の本格的報告会	（1.26） 霧島連山・新燃岳噴火 各地で大雪による被害[死者131人] （3.11） 東日本大震災（M9.0巨大地震、巨大津波） [死者19,667人、行方不明者2,566人、住家全半壊402,748棟] 消防殉職者 ・消防団員198人 ・消防職員27人 ・協力者6人 福島第一原子力発電所事故 [避難者　約11万人] （8.25） 台風12号暴風雨[死者68人] （9.16） 台風15号暴風雨[死者18人] （11.18） 鹿児島県徳之島町竜巻災害[死者3人]

	国等の動き	日本消防協会の動き	主な災害・事故
平成 **23**年 (2011)	「津波防災の日」　（11.5）	「東日本大震災消防殉職者全国慰霊祭」挙行　（11.29） ・天皇皇后両陛下のご臨席を賜り、内閣総理大臣、衆参両院議長、ご遺族のほか、消防関係者など約700人が参列、ニッショーホールにおいて厳粛かつ盛大に挙行 「東日本大震災鎮魂レリーフ」除幕　（11.29） ・日本消防会館の外壁に東日本大震災時において、消防団職員の懸命な活動を示すレリーフを掲げ、慰霊の誠を捧げる	
平成 **24**年 (2012)	消防審議会答申　（1.30） ・東日本大震災を踏まえた今後の消防防災体制のあり方に関する答申 復興庁発足　（2.10） 首都直下地震等の新たな被害想定発表　（4.18） ・死者最大9,700人、建物被害30万棟、避難者517万人を想定 「災害対策基本法」一部改正　（6.27） ・大規模広域な災害に対する即応力の強化、被災者対応の改善、教訓伝承、防災教育の強化や多様な主体の参画による地域の防災力の向上	消防育英会に「東日本大震災消防殉職者遺児育英基金」を設置　（2月） ・東日本大震災による殉職者の遺児が多数となったため、特別の基金を設置 東日本大震災消防団活動記録誌「消防団の闘い」刊行　（3月） ・東日本大震災発生時の現場における消防団の生々しい活動を記録 第11代日本消防協会会長 秋本　敏文氏（日本消防協会理事長、元消防庁長官）　（5.30）	（2.1） 暴風雪立ち往生事故（青森県横浜町）[猛吹雪により車約400台が立ち往生、約430人が小学校などに避難] （4.29） バス激突事故（藤岡市）[死者7人] （5.13） 広島県福山市ホテル火災[死者7人] （7.11） 九州北部豪雨[死者30人、行方不明者2人]

	国等の動き	日本消防協会の動き	主な災害・事故
平成24年(2012)		消防育英会、「財団法人」から「公益財団法人」に移行 （8.1） ・公益法人制度改革関連法に基づき公益財団法人としてスタート 日本消防協会のＣＴＩＦ（ヨーロッパを中心とする国際消防組織）加盟 （9月） ・消防・救助に関する国際的なネットワーク組織であるＣＴＩＦに加盟	（12.2）中央自動車道笹子トンネル崩落事故[死者9人] （12.10）広島市集団食中毒（ノロウイルス）[約2,000人が嘔吐や下痢]
平成25年(2013)	福島支援全国消防派遣隊発足 （3.31～9.30） ・福島県双葉地方広域市町村圏消防組合消防本部の要請を受け、全国の消防本部から派遣された職員により消防活動を支援 消防審議会答申 （6.11） ・東日本大震災をはじめとした大規模・多様化する災害等への消防の広域的な対応のあり方に関する答申 総務大臣書簡による消防団入団の依頼 （11.8） ・総務大臣から全地方公共団体の長あて消防団入団促進に関する書簡を送付	「消防団120年史」作成 （3月） ・初めて消防団を中心とした120年史－日本消防の今日を築き 明日を拓くその歩み－を作成 「消防団120年・自治体消防65周年記念大会」 （11.25） （主催：日本消防協会、全国消防長会） ・消防組規則の制定（消防団の前身）がスタートしてから120年目を記念する大会として、天皇皇后両陛下のご臨席を仰ぎ、東京ドームにおいて開催 スローガン「消防 その愛と力」	（2.8）長崎市グループホーム火災[死者4人] （5.17）カニ運搬船火災（稚内市）[死者6人] （8.15）福知山市花火大会火災[死者3人] （10.11）整形外科火災（福岡市）[死者10人] （10.16）台風26号による伊豆大島土石流災害[死者36人、行方不明3人]

	国等の動き	日本消防協会の動き	主な災害・事故
	「南海トラフ・首都直下の両地震の防災対策特別措置法」公布 (11.29)	日本消防協会が要望した新法「消防団を中核とした地域防災力の充実強化に関する法律」が成立公布 (12.13) ・常備消防との緊密な連携のもと地域にあっては消防団が中心となり、地域の総力を結集する地域防災力を強化するという日本消防の新たな展開方向を示すもの	(11.8) 台風30号によるフィリピン中部高潮災害[死者5,600人以上]
平成26年 (2014)	「消防団の装備の基準」改正 (2.7) ・トランシーバー等の双方向通信機器やライフジャケット等の安全装備品、救助機材等を盛り込む大改正 「消防学校の教育訓練の基準」改正 (3.28) ・消防団員に対する幹部教育のうち、中級幹部科を指揮幹部科として拡充強化 「消防団員の退職報償金を全階級一律5万円の引き上げ」 (8.27) 中古消防車の海外での有効活用の促進に向け、ODA活用の道拓く ・自民党消防議員連盟において日本消防協会が行う中古消防車両の寄贈、新たに必要となる寄贈品、車両取扱い等に関する技術指導を行う経費についてODA活用の道を拓いた	日本消防協会、財団法人から公益財団法人へ移行 (4.1) ・公益法人制度改革関連法に基づき新たにスタート、併せて福祉共済等3共済も特定保険業として運営開始 「消防団を中核とした地域防災力充実強化大会」開催 (8.29) (主催：日本消防協会) ・新法の成立を受け、その趣旨を国民運動的な動きの中で実現することをめざし、160を超える各種団体の賛同・参加を得て開催 世界初の「女性消防団国際会議」開催 (9.26) (主催：日本消防協会) ・女性の活躍推進及び各国消防の発展をめざし世界8か国の参加により約250人参加	(4.16) 韓国・大型旅客船沈没事故[死者・行方不明者304人] (2.14～16) 関東甲信地方雪害[死者26人] (5.13) 東京都町田市作業場爆発 (8.20) 広島市集中豪雨土砂災害[死者77人] (9.27) 御嶽山噴火[死者58人、行方不明者5人] (11.22) 長野県神城断層地震（M6.7）[死者・行方不明者はゼロ]

	国等の動き	日本消防協会の動き	主な災害・事故
		初の「防災学習車兼災害活動車」交付　　　　　　　　（9月） ・平時は、防災学習用に使用し、災害発生時は現場活用に使用することができる初めての車両を日本消防協会で製作、交付 日本消防会館において「消防育英会支援自動販売機」第1号機を設置　　　　　　（11.21） ・売上の一部は消防育英会に寄付。消防団等のPRにもなるデザイン	
平成**27**年 (2015)	総務大臣から日本経済団体連合会などの経済団体にも消防団入団促進に関する書簡を送付 　　　　　　　　　　（2.13） ネパール地震[死者8,700人] （国際緊急援助隊70人派遣） 　　　　　　　　　　（4.25） 政府に「防災推進国民会議」設置　　　　　　　　　（7.29） ・中央防災会議会長（内閣総理大臣）決定により国民の防災に関する意識向上に関し、各界各層との情報交換及び連携強化を目的に設置、議員は教育、医療、福祉、経済、行政、報道など各界を代表する方々40人で議長に日本赤十字社社長、副議長に日本消防協会会長が選出された	総合情報誌「地域防災」創刊 　　　　　　　　　　（4月） （発行：一般財団法人日本防火・防災協会、消防庁、日本消防協会等協力） ・地域防災に関する国や地方公共団体の政策動向、有識者の論説、消防団や女性防火クラブ、少年消防クラブ、自主防災組織、企業の自営消防組織などの各地における活動状況等を掲載する総合情報誌（4万部、隔月刊） 初めての「少年消防クラブ交流会（全国大会）」開催 　　　　　　　　（8.5〜7） （消防庁主催、日本消防協会、日本防火・防災協会が協力） ・初めて少年消防クラブ交流会（全国大会）を徳島県で開催	（5.17） 川崎市簡易宿泊所火災[死者10人] （5.29） 口永良部島噴火（島民、全島避難） （6.30） 新幹線放火火災[死者2人] （8.12） 中国天津市倉庫大爆発[死者165人] （9.9〜11） 関東・東北豪雨[死者20人]

	国等の動き	日本消防協会の動き	主な災害・事故
	「消防団を中核とした地域防災力充実強化大会 in 広島 2015」（11.30 消防庁） 「世界津波の日」（12.22）		
平成 28年 (2016)	「消防団を中核とした地域防災力充実強化大会 in 茨城 2016」（1.29 消防庁） 「東日本大震災5周年追悼式」 ・国立劇場にて挙行、天皇皇后両陛下ご臨席 （3.11） 「第1回防災推進国民大会」（8.27） 平成28年度の「消防団を中核とした地域防災力充実強化大会」（消防庁）は、富山と佐賀で開催 また「地域防災力向上シンポジウム」（消防庁）は、京都、青森、徳島、岐阜、沖縄、三重で開催	「全国消防団応援の店」スタート （6.1） ・全国の消防団員をサービスの対象とする全国消防団応援の店をスタート 「ODAを活用したケニア共和国への消防技術援助等」（7.31～8.13） ・ケニア共和国に対する日本消防協会からの消防車両寄贈と技術援助に初めてODAを活用 初の「地域防災と消防団」国際シンポジウム開催 （10.20） （主催：日本消防協会） ・地域防災と消防団の活動について、世界主要国11か国の消防関係者が参加して初の国際シンポジウムを開催、情報交換を行う	（1.15） 長野県碓氷バイパス観光バス横転事故 [死者15人] （4.14前震、4.16本震） 平成28年熊本地震（M7.3、震度7益城町・西原村、10.31までに震度1以上が4,123回、震度5強以上が12回発生）[死者272人、住家全半壊43,388棟] （8.30） 台風10号（岩手県・北海道）暴風雨 [死者26人、行方不明者3人] （10.8） 阿蘇中岳噴火（36年ぶり） （12.22） 新潟県糸魚川市大火 [焼損棟数147棟、焼失面積（被災エリア）約40,000㎡]
平成 29年 (2017)	「非常勤消防団員等に係る損害補償の基準を定める政令」一部改正 （3.29）	「第23回全国女性消防操法大会」秋田県で開催 （9.30） ・女性操法大会を初めて、地方の秋田県秋田市で開催	（2.16） 埼玉県三芳町倉庫火災 [焼損床面積約45,000㎡、鎮火まで13日] （3.5） 長野県消防防災ヘリ墜落事故（長野県鉢伏山付近）[殉職7人]

	国等の動き	日本消防協会の動き	主な災害・事故
	「糸魚川市大規模火災を踏まえた今後の消防のあり方に関する検討会」報告書　（5.19）		（6.30〜7.5） 「平成29年7月九州北部豪雨」[死者42人、行方不明者2人、全・半壊1,439棟] （10.22〜10.25） 「平成29年台風21号」[死者8人、全・半壊498棟、浸水8,183棟]
平成30年（2018）	「自治体消防制度70周年記念式典」　（3.7） （主催：消防庁） ・天皇皇后両陛下のご臨席を仰ぎ、国技館において開催 「消防法施行令」一部改正（3.28）公布 ・糸魚川市大規模火災を踏まえ飲食店等における消火器具の設置基準の見直し 「消防広域化基本指針」の改正（4.1）通知 ・平成30年以降の市町村の消防の広域化推進の方向性、財政措置等について改正	自治体消防70周年記念シンポジウム「日本消防会議」開催　（3.6） （主催：消防庁、日本消防協会、全国消防長会） ・自治体消防制度70周年を迎えるに当たり、消防関係者が一堂に会し、「変化への対応－これからの日本消防」を中心テーマとし、ニッショーホールにおいて記念シンポジウム「日本消防会議」を開催 「日本消防協会70年史」刊行（3月） ・日本消防協会が設立された昭和23年1月20日から70年を迎えたことから「日本消防協会70年史」を刊行 「自治体消防制度70周年記念式典」開催　（3.7） （主催：消防庁） ・自治体消防制度70周年を記念し、天皇皇后両陛下のご臨席を仰ぎ、国技館において挙行	（6.18） 大阪府北部を震源とする地震（M6.1）[死者6人、負傷者462人、全・半壊475棟] （6.28〜7.8） 平成30年7月豪雨（特に、岡山県、広島県、愛媛県）[死者224人、行方不明者8人、負傷者425人、全壊6,758棟、半壊1万873棟等] （8.10） 群馬県消防防災ヘリ墜落事故（群馬県中之条町）[殉職9人] （9.6） 平成30年北海道胆振東部地震（M6.7、厚真町で震度7、安平町、むかわ町で震度6強）[死者42人、負傷者762人、全壊462棟、半壊1,570棟]